頭がよくなる!!

たのしい なぞなぞ 1年生

監修 成田奈緒子
作 高橋啓恵

おうちの方へ

なぞなぞで楽しく脳を育てましょう！

知性を育てる「おりこうさん脳」は、1～18歳まで成長し続けますが、6～14歳ごろにその中核期を迎えます。おりこうさん脳を育てるポイントは、無理に勉強をさせることではなく、子どもが自ら興味・関心を抱き、思考や探究を深めていくことです。

なぞなぞに取り組むと、集中力や発想力など、さまざまな力が養われるうえ、ご家族やお友だちと問題を解くことで、コミュニケーション力もアップします。こうした脳への刺激は、おりこうさん脳の発達にとっても効果的なのです！

この本を通して、お子さんの「なぜ？」「どうして？」「もっとやりたい！」の気持ちを大切に、楽しみながら脳を育てていきましょう！

発達脳科学者
成田奈緒子先生

こんな力が鍛えられて脳が育つ！

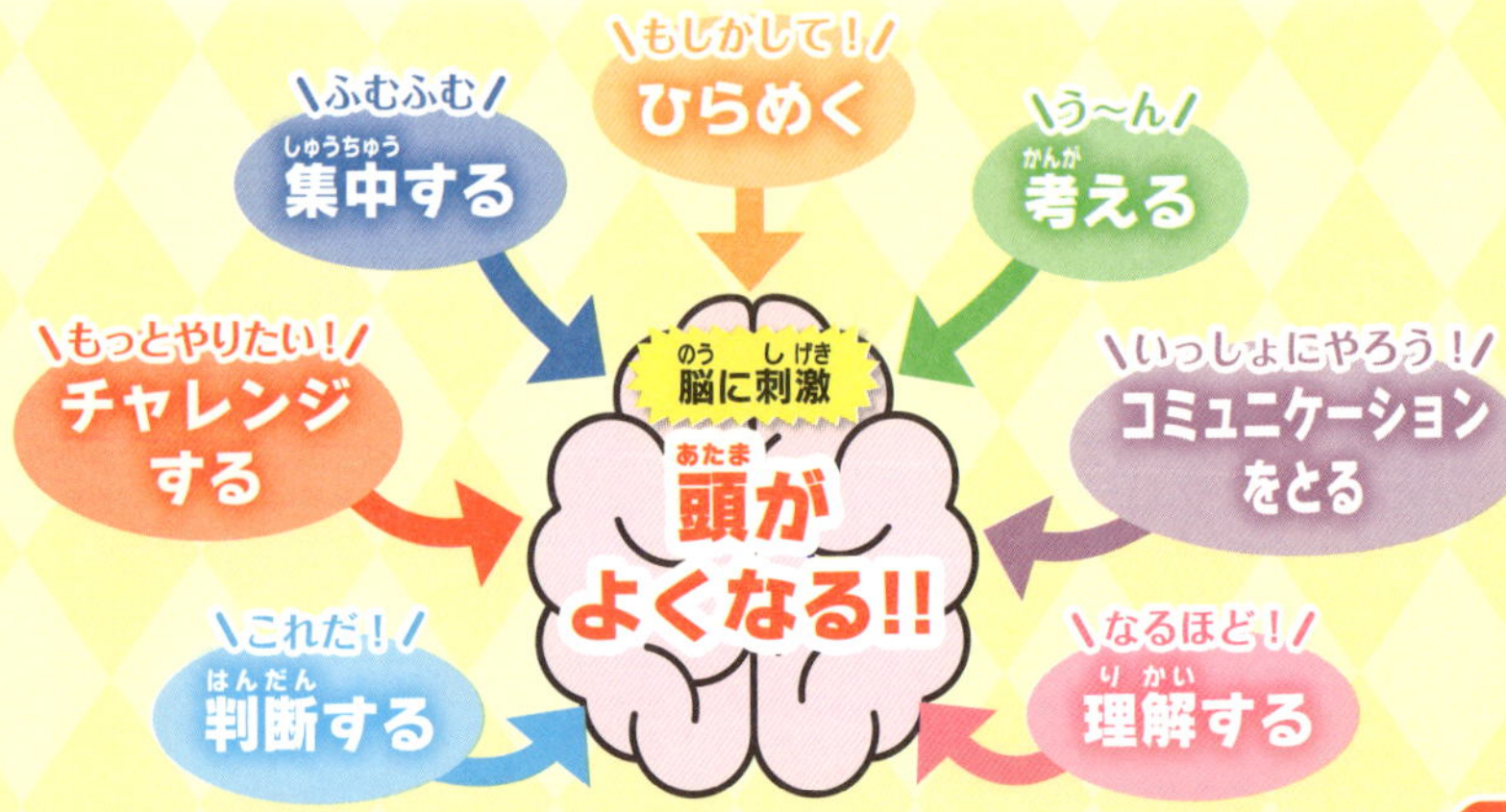

この本の見かた

かん字もんだい

このアイコンがついたもんだいは、1年生でならうかん字、80字のうちのどれかがこたえになっているよ。

レベル

もんだいのむずかしさをあらわすレベルは、ぜんぶで3だんかい。3がいちばんむずかしいよ！

もんだい

たのしいなぞなぞはぜんぶで317もん！　イラストがヒントになっていることもあるよ。よ～く見てね。

すう字もんだい

すう字にかんけいするもんだいだよ。こたえがすう字になるからちゅういして！　**かん字とすう字のアイコンがならぶときは、どんなこたえになるかわかるかな？**

こたえ

なぞなぞのこたえは、つぎのつぎのページにのっているよ。ひっかけもんだいや、いじわるもんだいは（　）の中のかいせつもよもう！

レベル 1 2 3
かん字 125
人の りょうわきで ななめの てんが ゆらゆら もえているよ。な～んだ？
レベル 1 2 3
すう字 126
みんなが さわぐと せんせいが いう すう字は？
64ページのこたえ
121 ゲコー（下校だから）
122 カッコウ
66

さらに！ **おまけもんだいつき！**

ほかにも、たのしいもんだいがいっぱいあるよ。ごびがおなじことばのなぞなぞや、こたえがさかさことばになっているなぞなぞなど、どんどんチャレンジしよう！

かん字ぶんかいクイズ
あんごうさく文

もくじ

おまけもんだい

ステージ1

たべもの の なぞなぞ

人気の りょうりや にが手な子が おおい やさいなど、
みんなの まわりにある たべものが とうじょうするよ！
きゅうしょくや ごはんの じかんに、
つい なぞなぞ したくなっちゃうかも!?

レベル 1 2 3

001

はっぱから
クサイ においがする
やさいって な～んだ?

レベル 1 2 3

002

「り」が 9こで
やさいに へんしんしたよ!
なんの やさい?

レベル 1 2 3

003

にほん人の
文字を ひとつ かくしたら
やさいが あらわれたよ！
なにかな？

レベル 1 2 3

004

ぼうを 5本 あつめると
やさいに 見えてくるよ。
どんな やさい？

レベル 1 2 3

005

「ババババババ」というくだものってなあに？

レベル 1 2 3

006

1と 5を たしたら出(で)てきた あまずっぱいくだものは？

1+5

001 はくさい（葉(は)・クサイ）

002 きゅうり（9・り）

レベル 1 2 3

007

じゅうどうや
けんどうを する人が
すきな くだもの は？

レベル 1 2 3

008

はんたいにしたら
ありに なっちゃう
くだもの は？

7ページの こたえ

003 にんじん（に〈ほ〉んじん）

004 ごぼう（5・ぼう）

009

レベル 1 2 3

たいこの 中に
かくれている
さかなって なあに？

010

レベル 1 2 3

おなかを かくすと
おひめさまになる
さかなって なあに？

005 バナナ（ば・7）

006 いちご（1・5）

011

レベル 1 2 3

みどりと くろの
しまもようで 中が まっ赤な
イカは どんな イカ？

012

レベル 1 2 3

ずっと あえなかった 人と
あえたときに
やってきた ブリって
どんな ブリ？

9ページの こたえ

007 ぶどう（武道だから）

008 なし（なし➡なしのはんたい➡あり）

013

トマトや イチゴを きるとき うまく きれないのは 上の ぶぶん？ 下の ぶぶん？

レベル 1 2 3

014

2つ 入れると おべんとうばこが いっぱいになる にくは？

10ページのこたえ

009 タイ（たいこだから）

010 ヒラメ（ひ〈ら〉め）

015

レベル 1 2 3

つめたいのに
みんなから あいされている
たべものって なあに？

016

レベル 1 2 3

がんばっても
まん中がたべられない
おやつは なあに？

11ページのこたえ

011 すいか

012 ひさしぶり

017

レベル 1 2 3

リンゴを 入れたら アップルパイ。では レモンを たくさん 入れた パイは？

018

レベル 1 2 3

あまくて おいしいのに すが 10も 入っている のみものは？

013 上のぶぶん（ヘタになるから）

014 ぎゅうにく（ぎゅうぎゅうになるから）

レベル 1 2 3

019

「リン♪」という すずの 音(おと)が
5かい きこえてくる
たべものって なあに？

レベル 1 2 3

020

カが いけに おちたとき
あらわれた
やさいは なあに？

13ページの こたえ

015 アイス（愛(あい)す♡）

016 ドーナツ（まん中(なか)がないから）

021

なつになると
ふるえる パイって
どんな パイ？

レベル 1 2 3

かん字 022

トマト・リンゴ・イチゴの
いろに「ちゃん」を
つけたら かわいくなるよ。
なにいろ？

ちゃん

14ページのこたえ
017 すっぱい
018 ジュース（10・す）

レベル 1 2 3

023

ケチャップが かかった たべられる イスって どんな イス?

レベル 1 2 3

024

たべると ホッとする ケーキは?

15ページの こたえ

019 りんご(リン♪5)

020 かぼちゃ(カ、ボチャ!)

レベル 1 2 3

025

こころの 中(なか)にある たべられない もちって どんな もち？

レベル 1 2 3

026

しょうぶで ぜったいに まけない たべものは？

16ページのこたえ

021 パイナップル（パイ・なつ・プルッ）

022 赤(あか)（ちゃん）

レベル 1 2 3　かん字(じ)　**027**

左(ひだり)の イラストの
サクランボの
はっぱと みを とると
あらわれる かん字(じ)は？

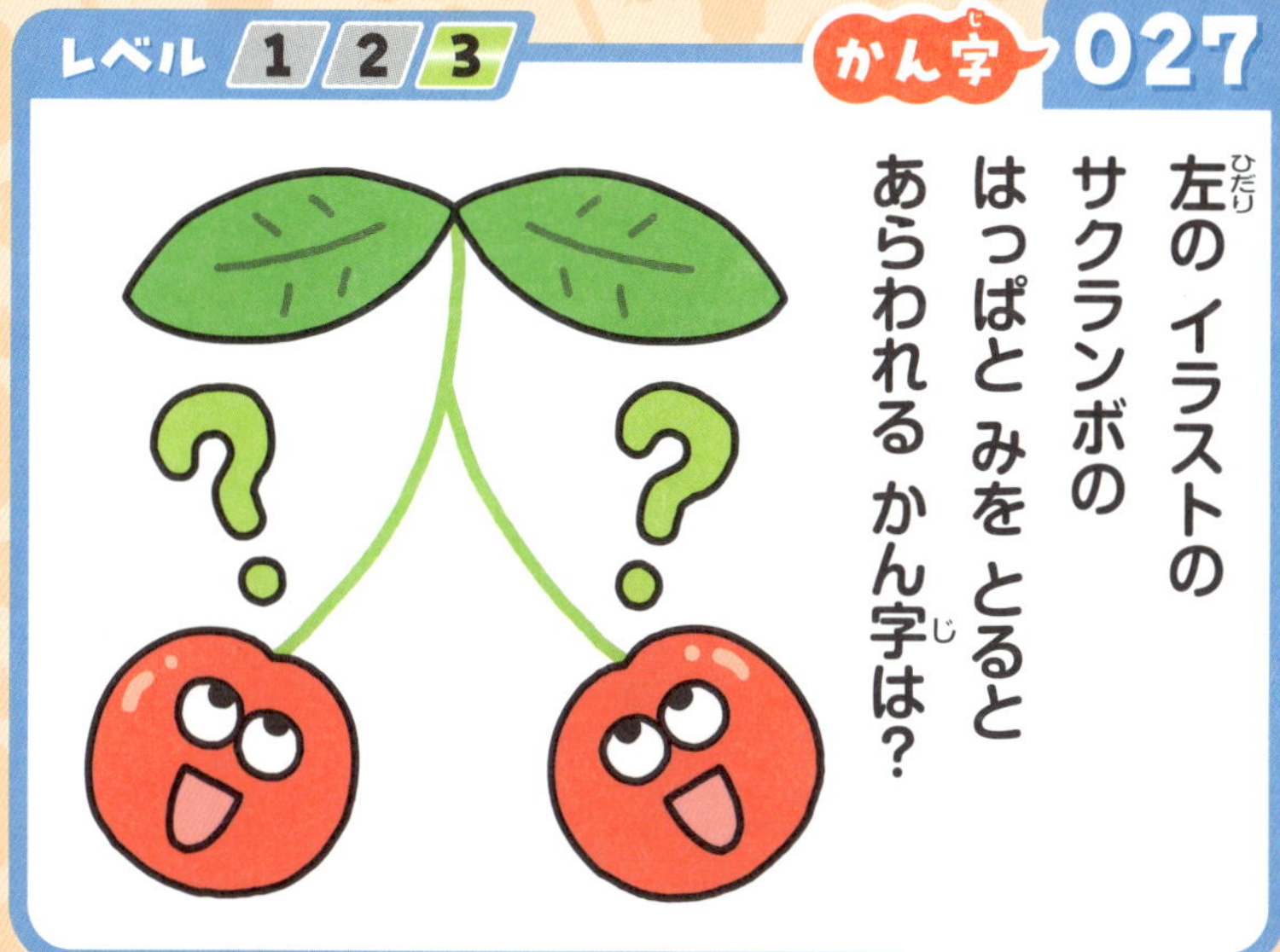

レベル 1 2 3　**028**

たべられないけど
なかなおりするとき
やくにたつ メンって
どんな メン？

17ページの こたえ
023 オムライス
024 ホットケーキ

029

ハンバーグの
ざいりょうになる
2つの かずは なにと なに？

レベル 1 2 3

030

たべると
あこがれられちゃう
にくりょうりは？

025 きもち

026 カツ

レベル 1 2 3

031

4かい おしたら
できあがる
たべものは？

レベル 1 2 3

かん字

032

目(め)の下(した)に「ハ」が ついている
2まいの からに
はさまれた たべものは？

19ページのこたえ
027 人(ひと)
028 ごめん

レベル 1 2 3

033

ネズミの なきごえが
4かい きこえてくる
たべものは？

レベル 1 2 3

034

みそしるの 中(なか)にいる
たべられる カメって
どんな カメ？

20ページのこたえ

029 2と9（にく〈2・9〉だから）

030 ステーキ（すて〈ー〉きだから）

035

中（なか）に ストローが 入（はい）っている スープって なあに？

レベル 1 2 3

036

ひざに ○（まる）を かいたら たべものが あらわれた！ な～んだ？

21ページの こたえ

031 おすし（押（お）す・4）

032 貝（かい）

レベル 1 2 3　037

しゃしんを とるときに
みんなが ほしがる
たべものは？

レベル 1 2 3　038

たくさんあっても
ちょっとしか ないと
いわれる おかしは なあに？

このページのこたえは28ページ ←

22ページのこたえ

033 シチュー（4・チュー）

034 わかめ

レベル 1 2 3

039

おじいちゃんが
クリームを たべたら
アイスが あらわれたよ。
なあに？

レベル 1 2 3

かん字(じ)

040

6つに わけた ケーキから
○(まる)を とったら 出(で)てくる
かん字(じ)は？

このページのこたえは29ページ ←

23ページのこたえ

035 ミネストローネ

036 ピザ

おまけもんだい

ごびごび なぞなぞ①

「語尾（ごび）」は、ことばの おわりの ぶぶんをさすよ。このページの なぞなぞの こたえは、さいごに ぜんぶ「かい」が つくんだ。どんな「かい」かな？

041

さむい ふゆに
こたつに 入（はい）ると
つい いっちゃう
「かい」は？

042

はるか あきに
おこなわれる
ぎょうじにいる
スポーツが すきな
「かい」は？

043

みんなが たのまれる
おてつだいの
「かい」は なーんだ？

044

ゲラゲラ
たのしそうに
わらっている
「かい」は なあに？

045

ずっと つかっていた
えんぴつが
こうなっちゃった
「かい」は？

046

なぞなぞの
こたえが あっていた
「かい」は なあに？

こたえ

041 あったかい　042 うんどうかい　043 おつかい
044 ゆかい　045 みじかい　046 せいかい

生きもののなぞなぞ

どうぶつ、とり、さかな、虫……
みんなの みぢかにいる 生きものが たくさん！
大きいものから 小さいものまで
よーく かんがえて こたえてね。

レベル 1 2 3

047

耳（みみ）が ながくて かわいい サギって どんな サギ？

レベル 1 2 3

048

立（た）ちどまらずに どこかに いってしまう どうぶつって なあに？

24ページの こたえ

037 チーズ

038 チョコ

てんを ひとつ とったら
うなずいて へんじをする
どうぶつは なーんだ?

キリンの おなかを
かくしたら
ひかりかがやいているよ。
なにいろ?

25ページのこたえ

039 ソフトクリーム（祖父とクリーム）

040 水（イラストの水いろのせんにちゅう目！）

051

ものを しまうのが
じょうずな どうぶつは
なあに？

レベル 1 2 3

052

なにを しているときも
もんくばかり いう
どうぶつは？

28ページのこたえ

047 ウサギ

048 サル（去る）

レベル 1 2 3

053

いつでも
「こっちに おいで！」と
よんでいる さかなって
なあに？

レベル 1 2 3

054

てんを つけたら
まどに はりついた
生きものは？

29ページのこたえ

049 ウシ（ウシ➡ウン〈うん！〉）

050 金（キ〈リ〉ン）

レベル 1 2 3

055

キリンと ライオン
いろが 29しょくも あるのは
どっち？

レベル 1 2 3

056

ハムが すきな スターって
どんな スター？

30ページの こたえ

051 シマウマ（しまう・ウマっ！）

052 ブタ（ブーブーいうから）

レベル 1 2 3

057

やきゅうの
ボールを うつのが
とくいな 虫って なあに？

レベル 1 2 3

058

すずに むかって
おこっているのは
どんな とり？

31ページのこたえ

053 コイ（来い！）

054 カラス（カラス➡ガラス）

レベル 1 2 3

059

とびらの かげに
かくれている
生きものって だあれ？

レベル 1 2 3

060

さか立ちすると
「かるい」生きもの
なーんだ？

32ページのこたえ

055 ライオン（にくしょく〈29色〉だから）

056 ハムスター

レベル 1 2 3

かん字 061

てんを とったら
大きくなる
どうぶつって なあに？

レベル 1 2 3

062

キツツキが もっている
りょうはしが まるくて
あなが あいているものって
なあに？

33ページのこたえ

057 バッタ（バッターだから）

058 スズメ（鈴、メッ！）

レベル 1 2 3

063

じぶんを パンなのだと
いいはっている
どうぶつは?

レベル 1 2 3

064

じごくにいて
わるさをする クマって
どんな クマ?

34ページのこたえ

059 トカゲ（戸かげ）
060 イルカ（いるか➡かるい）

レベル 1 2 3

065

ミミズが あつまると
とりに へんしんするよ。
なんびき ひつようかな？

レベル 1 2 3

066

おれいを いうとき
10ぴき あつまってくる
虫って なあに？

35ページのこたえ
061 犬
062 つつ

067

とまっているときも「はやい！」といわれる虫は？

レベル 1 2 3

068

ついつい「カ」とまちがえちゃうかん字はなあに？

36ページのこたえ

063 パンダ（パンだ！）

064 あくま

レベル 1 2 3

069

9じになったら
ソの つぎの 音を ならす
大きな 生きものは？

レベル 1 2 3

070

水を ほしがっているのに
土の 中にいる
生きものは？

37ページのこたえ

065　9ひき（ミミズク〈ミミズ・9〉になるから）

066　アリ（ありが・10）

レベル 1 2 3

071

石の まん中を もむと あらわれた 虫って なあに?

レベル 1 2 3

かん字

072

「キ」を よこにすると その下で 早く のびる ヤギの すきなものは?

38ページのこたえ

067 ハエ(はえぇ!)

068 力

073

レベル 1 2 3

おきているときは
いない ゾウって
どんな ぞう?

074

レベル 1 2 3

目の上に カが とまっても
へいきな のんびりやさんは
だあれ?

39ページのこたえ

069 クジラ（音かいでソのつぎはラだから）

070 ミミズ（み、みず〜）

レベル 1 2 3

かん字

075

「中」の 下に 左の
イラストのような ごはんを
たべている 口を かいたら
出てきた 生きものは？

レベル 1 2 3

076

わっかを ふたつ もった
大きな 口の 生きもの
なあに？

40ページのこたえ

071 イモムシ

072 草（「キ」を よこに すると 「艹」に なるから）

レベル 1 2 3

077

足がはえていて
みんなから いやがられる
さかなじゃない
ブリは なーんだ？

レベル 1 2 3

078

「もももももももも」
という
虫って なあに？

41ページのこたえ
073 ねぞう
074 カメ

079

どんな フクロウでも
おなかは おなじ いろだよ。
なにいろ？

レベル 1 2 3

080

「・・・・・・・・・・」と
いう 虫（むし）は
どんな 虫（むし）かな？

42ページのこたえ

075 虫（むし）（「一」のぶぶんが口（くち）に見（み）えない？）
076 ワニ（輪（わ）・2）

081

さわいでいる サイって
どんな サイ？

082

レベル 1 2 3　かん字

クモの おしりから 出る
「く・ム・小」って
なーんだ？

43ページのこたえ
077 ゴキブリ
078 クモ（9・も）

レベル 1 2 3

083

かりの とちゅうで
まきを ひろった
虫って なあに？

レベル 1 2 3

084

「9だよ！」と
やたらと いってくるのは
どんな とり？

このページのこたえは50ページ←

44ページのこたえ

079 くろ（フクロウ）

080 テントウムシ（てん・10・虫）

085

レベル 1 2 **3**　かん字

つのを 1本 はやした
王さまが あたまの ななめ
上に「ノ」を のせたよ。
どんな かん字？

086

レベル 1 **2** 3

めんぼうを 見つけて
はしゃいでいる 虫って
なあに？

このページのこたえは51ページ←

45ページのこたえ

081 うるさい
082 糸

おまけもんだい

ごびごびなぞなぞ②

「語尾(こび)」は、ことばの おわりのぶぶんを さすよ。このページの なぞなぞの こたえは、さいごに ぜんぶ 「うし」が つくんだ。どんな「うし」かな？

087
あたまに のるのが すきな 「うし」は なあに？

088
ノリノリで てを たたく 「うし」は？

089
ロケットに のって うちゅうに とびだす 「うし」は なにかな？

090
むかしばなしに でてくる 小(ちい)さな小(ちい)さな からだの 「うし」は？

091
えを かいたり はさみで きったりする 「うし」は？

092
れんあいかんけいに ある ふたりの 「うし」は なーんだ？

こたえ
087 ぼうし　088 手(て)びょうし　089 うちゅうひこうし
090 一(いっ)すんぼうし　091 がようし　092 こい人(びと)どうし

ステージ3

学校のなぞなぞ

1年生の みんなは、学校の あたらしいことに 出あって
ワクワク・ドキドキ！　なぞなぞに こたえていくと
いつのまにか 学校のことが
どんどん すきになるよ！

レベル 1 2 3

093

ランドセルの 上に
さいている 花って
なあに？

レベル 1 2 3

094

うわばきの 下で
ひっくりかえっている
するどい ものって
なあに？

46ページの こたえ

083 カマキリ

084 クジャク（9じゃ！9！）

レベル 1 2 3

095

てんを とったら しょうぎが できる ぶんぼうぐは?

レベル 1 2 3

かん字 096

3に 1を たしたら とっても えらくなったよ どんな 人かな?

47ページのこたえ

085 生

086 アメンボ（あ！めんぼー！）

レベル 1 2 3

097

ぜん校じどうが たべるのに
9人ぶんしかない
しょくじって な～んだ？

レベル 1 2 3　すう字　かん字

098

さんすうの「ひく」の
きごうに そっくりな
かん字は なあに？

50ページの こたえ

093 ラン

094 きば

レベル 1 2 3

099

えんぴつと リンゴと
キャベツが もっている
ものって なあに？

レベル 1 2 3

100

「いいイスだね」って
ほめられているのは
どんな イス？

51ページのこたえ

095 じょうぎ

096 王（3〈三〉に1をたすと王だから）

レベル 1 2 3

101

わるいきんを
やっつける どくって
な〜んだ？

レベル 1 2 3

102

ピアニカの 中に
かくれているのは
おにいちゃん？ おとうと？

52ページの こたえ

097 きゅうしょく（9・食）

098 一

レベル 1 2 3　すう字　かん字　103

さんすうの しきの「は」の
きごうに よくにた
かん字は なにかな？

レベル 1 2 3　104

まちがえちゃうたびに
どんどん 小さく
なってしまうものって？

53ページの こたえ
099 しん
100 ナイス

レベル 1 2 3　すう字　かん字　105

王さまから
1を とったら
いくつになる？

レベル 1 2 3　106

はいて ゴミを
いどうさせる「き」って
どんな き？

101 しょうどく

102 おにいちゃん（兄がかくれている）

107

レベル 1 2 3

ゴミを あつめて
ゴミばこに 入れてくれる
とりは どんな とり？

108

レベル 1 2 3

1か月の 中で
おこったイカが いるのは
いつかな？

55ページのこたえ

103 二

104 けしごむ

レベル 1 2 3

109

「水（みず）が 10こ」という
えんそくの
もちものは？

レベル 1 2 3

110

たべるまえに
だきしめる
たいらなものって なあに？

56ページのこたえ

105 三（さん）

106 ほうき

111

レベル 1 2 3

学校に いくときに かぞくに
つたえる「ます」って
な～んだ?

112

王さまが 手に
つえを もったら
見えてきた すう字は?

57ページのこたえ

107 ちりとり

108 6日（ムッ！イカ）

113

「けさの あさごはん」は なんじ？

いただきまーす！

レベル 1 2 3

114

てんを とったら からだの まん中ぶぶんに なるのは なんじ？

58ページのこたえ

109 すいとう（水はスイともよむよ／水・10）

110 いた（いただきます）

レベル 1 2 3　すう字　かん字

115

白に 1を たしたら
かずが たくさん ふえたよ。
いくつかな？

レベル 1 2 3

116

きょうしつの
ゴミを きれいにしたのは
なんじ？

59ページのこたえ

111 いってきます

112 五

117

学校(がっこう)と こうえん
いきかえりの みちで
とうげが あるのは どっち?

レベル 1 2 3 すう字 かん字 118

10の 上(うえ)に
「ノ」を つけたら かずは
いくつに なった?

113 8じ（8字(じ)〈8文字(もじ)〉だから）
114 5じ（ごじ➡こし）

レベル 1 2 3

119

火や 水や 木が 入っている かんって どんな かん？

レベル 1 2 3

かん字

120

よんでも へんじが ないのに みんなが よんでいるものって なあに？

61ページの こたえ

115 百

116 そうじ

レベル 1 2 3

121

学校から かえるとき
きこえてきた カエルの
なきごえは な〜んだ？

レベル 1 2 3

122

学校に ついている
てんを とったら
とんできた とりは なあに？

117 学校（とうげこう）
118 千

123

さんすうの「たす」の きごうに そっくりな かん字は？

レベル 1 2 3

124

はっぴょうかいなど ぎょうじの れんしゅうを している サルは？

63ページの こたえ

119 一しゅうかん

120 本

人のりょうわきで ななめの てんが ゆらゆら もえているよ。な～んだ？

レベル 1 2 3

みんなが さわぐと せんせいが いう すう字は？

121 ゲコー（下校だから）

122 カッコウ

レベル 1 2 3

127

「あいうえお」の 中(なか)に「の」は いくつ かくれている？

レベル 1 2 3

128

べんきょうすると とんがりあたまが どんどん けずられていくよ。なあに？

65ページのこたえ
123 十(じゅう)
124 リハーサル

129

さわっていないのに
たたいた 音(おと)がする
ぶんぼうぐって な〜んだ?

レベル 1 2 3

130

ノートの 下(した)に
しく「き」は なあに?

66ページのこたえ
125 火(ひ)
126 4 (しー!)

レベル 1 2 3　かん字　**131**

たしざんしながら へを しちゃったのは なんよう日?

レベル 1 2 3　**132**

きのうと あしたの あいだに ひろげる べんきょうどうぐは?

127　2つ（「あ」の3画目・「お」の2画目）

128　えんぴつ

レベル 1 2 3

133

いねむりを
5かい しそうになった
かもくは な～んだ？

レベル 1 2 3

134

「スースー」と
いきを すう
じゅぎょうは なあに？

68ページの こたえ

129 ペン
130 下(した)じき

レベル 1 2 3

135

本の中に
はさめる「オリ」って
なあに？

レベル 1 2 3

かん字

136

10の下に
せんをひいたとき
いたのはなんの上？

69ページのこたえ

131 木（よう日。「十」+「ヘ」=「木」になるから）

132 きょうかしょ

レベル 1 2 3　かん字　137

「字」の中にかくれている人ってどんな人？

レベル 1 2 3　138

きれいなメロディーがきこえてくるゴールは？

70ページのこたえ

133 こくご（こくっ！5）

134 さんすう（3・スー）

139

じゅぎょう中に
おしゃべりをしても
ちっとも おこられない人
だあれ？

140

レベル 1 2 3

もんだいを
どうやって といたら いいか
そうだんする
じゅぎょうは なあに？

71ページのこたえ
135 しおり
136 土

141

レベル 1 2 3

赤(あか)ちゃんが つかう
ビーカーって
どんな ビーカー？

142

レベル 1 2 3

かん字(じ)

木(き)に むかって
「イ」と いったら
なにを する？

72ページの こたえ

137 子(こ)（ども）

138 オルゴール

レベル 1 2 3

143

ばんごうの さいしょは
1ばん。
きょうしつで 文字を
かいていいのは なにばん？

レベル 1 2 3

144

つかうと
ピースしたくなっちゃう
ぶんぼうぐって なあに？

73ページのこたえ
139 先生（きょうし）
140 どうとく（どう解く？）

145

ぶんぼうぐだと
ペタペタくっついて
たべものだと パリパリ
おいしいもの な～んだ？

レベル 1 2 3

かん字

146

なべの ふたの 下(した)に
「×」を かいたら
できあがった かん字(じ)は
なあに？

74ページの こたえ

141 ベビーカー

142 休(やす)(む)

147

レベル 1 2 3

うんどうかいで じゅんばんを きそって はしる子は どんなこ?

148

レベル 1 2 3

まえに すすんだほうが まけてしまう きょうぎって なに?

143 こくばん

144 はさみ (チョキチョキきるから)

レベル 1 2 3

149

学校は 月ようから
はじまるけど あさは
なんようから はじまる?

レベル 1 2 3

150

学校で ともだちと
あったとき よけないで
かわすものって なあに?

このページのこたえは82ページ ←

76ページのこたえ

145 のり
146 文

レベル 1 2 3

151

中に「つぼ」が 入っている ゆうぐは な〜んだ？

レベル 1 2 3

かん字 152

「上」の 上に「一」を 左に 小さな「1」を たすのは まちがい？

このページのこたえは83ページ ←

77ページのこたえ
147 かけっこ
148 つなひき

おまけもんだい

かん字ぶんかいクイズ

1年生で ならう かん字が バラバラに なっちゃった！　たしざんや ひきざんをして、かん字を かんせい させよう！

153　ノ ＋ 一 ＋ し ＝ ？

154　土 － 一 ＝ ？

155　土 ＋ ノ ＋ ル ＝ ？

156　ノ ＋ 三 ＋ ノ ＋ ｜ ＝ ？

157　ノ ＋ 一 ＋ 一 ＋ 一 ＋ し ＋ メ ＝ ？

158　く ＋ ノ ＋ 一 ＝ ？

159　ナ ＋ 口 ＝ ？

160　一 ＋ ト ＝ ？

アレとアレで
え〜っと…

158 は
わたしの
もんだいね！

こたえ

153 九　157 気　154 上・十　158 女　155 先　159 右　156 年　160 下

ステージ4

町（まち）のなぞなぞ

みんなが すむ町（まち）は どんな ところ？ ビルが たっている？
それとも しぜんが たくさんある？
なぞなぞに こたえながら
たんけん気（き）ぶんを あじわっちゃおう！

レベル 1 2 3

161

だいじょうぶ？

みせの 前で
ひっくりかえっている
虫って なあに？

レベル 1 2 3

162

そとを あるく
「ぽぽぽ」 これ
なーんだ？

78ページの こたえ
149 おはよう
150 あいさつ

163

いつも ちかくにある
おみせは なにやさん？

レベル 1 2 3

かん字 164

しかくが きれいに
4つ ならんで いるよ
ここは どこかな？

79ページの こたえ

151 てつぼう

152 正（しい）

レベル 1 2 3

165

どうろに タイが
10ぴき いたよ。
なーんでだ？

レベル 1 2 3

166

うたわないのに 手(て)がみや
にもつを あずかる
きょくって どんな きょく？

82ページのこたえ

161 セミ（みせ➡せみ）

162 さんぽ（3・ぽ）

レベル 1 2 3

かん字 **167**

まん中が ながい たてぼう 3つ。下は よこぼう 1つ。ここは どこ？

レベル 1 2 3

168

山ごやの 中にいる 子どもは どんな 子かな？

83ページの こたえ

163 そばやさん

164 田

レベル 1 2 3

169

人が入れるほど大きな「くつ」ってどんなくつ？

レベル 1 2 3

170

いえのまわりでノリノリにはなしかけてくるものってなあに？

84ページのこたえ

165 じゅうたい（10・タイ）しているから

166 ゆうびんきょく

レベル 1 2 3

171

ひみつきちにある
あまい たべもの
な〜んだ？

レベル 1 2 3

かん字

172

「ノ」の 右に 2本
たての せんを かくと
どこに たどりつく？

85ページの こたえ

167 山

168 まご（やまごや）

レベル 1 2 3

173

山（やま）の てっぺんに
3びきいる 生（い）きものって
なあに？

レベル 1 2 3

174

お花（はな）は いくつ あったら
おしゃべり できるように
なるの？

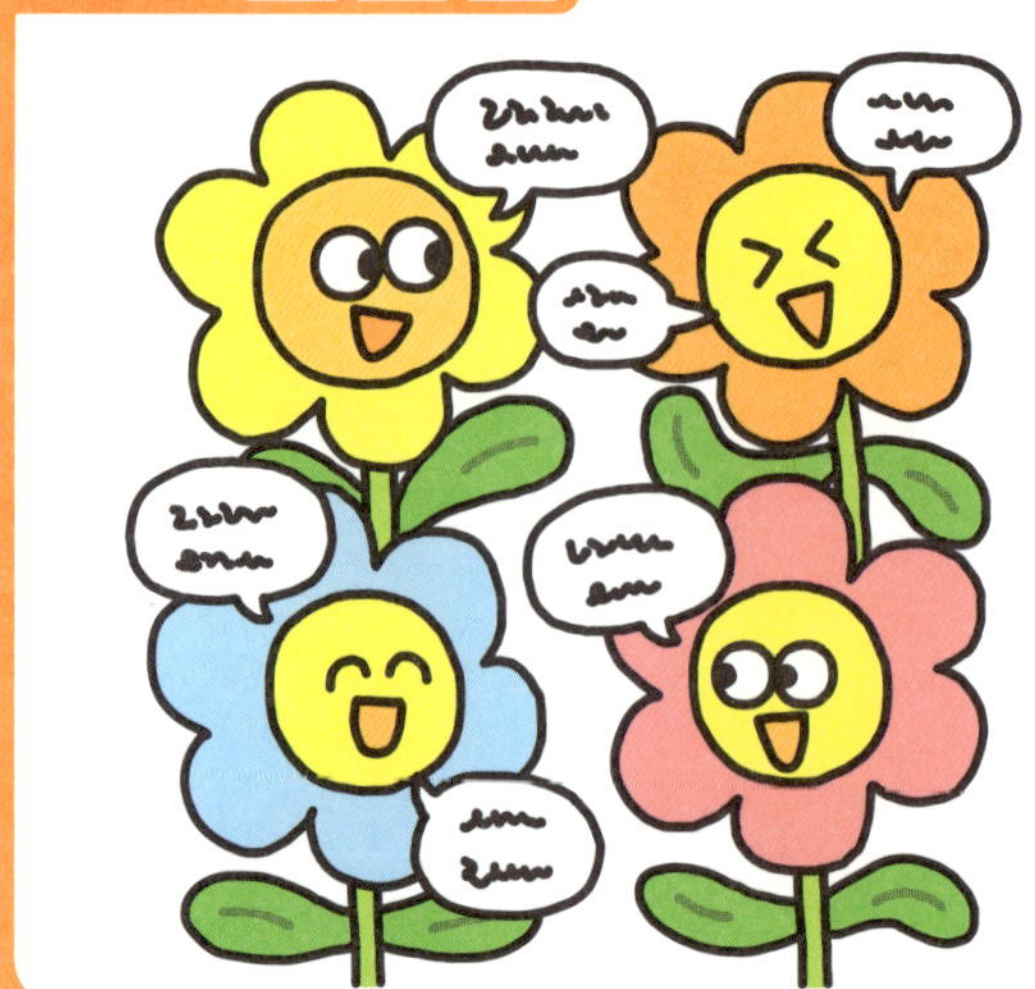

86ページの こたえ

169 どうくつ

170 へい（ヘイ！）

175

レベル 1 2 3　かん字

木が 2本 はえている
ばしょは どこ？

176

レベル 1 2 3

2くみの コンビがいる
おみせって
どんな おみせ？

87ページのこたえ

171 みつ（ひみつきち）
172 川

レベル 1 2 3

177

田(た)んぼに 4ついる
生(い)きものって なあに?

レベル 1 2 3

178

王(おう)さまが しぜんの 中(なか)で
たのしんでいるよ。
なにを しているの?

88ページのこたえ

173 ちょう(3蝶(ちょう)➡山頂(さんちょう))

174 4つ(お花(はな)・4)

レベル 1 2 3

179

3しょくの 目玉を
ひからせて どうろの
あんぜんを まもるのは
だあれ？

レベル 1 2 3

かん字

180

木が 3本しか ないのに
木が たくさん
あるところって どーこだ？

89ページの こたえ

175 林

176 コンビニ（コンビ・2）

レベル 1 2 3

181

かいだんを のぼったら
おしりを つかって
おりるよ。 なーんだ？

レベル 1 2 3

182

どんなに こいでも
ユラユラ ゆれて まえに
すすまない。 なにかな？

90ページの こたえ

177 たにし（田(た)に4）

178 ハイキング（キングはえい語(ご)で王(おう)さまのこと）

レベル 1 2 3　かん字　**183**

右の 上に 出ている せんを
かくしたら かたいものが
あらわれたよ。 なあに？

レベル 1 2 3　**184**

トンネルの 中に 入ると
いねむりして しまう
どうぶつって なあに？

91ページのこたえ
179 しんごう
180 森

田んぼの よこに
Tの 文字。
ここは どこ？

レベル 1 2 3

186

まえにない しろって
どんな しろかな？

92ページのこたえ
181 すべりだい
182 ブランコ

レベル 1 2 3

187

デタラメ ばかり
いっている 木って
どんな き？

レベル 1 2 3

188

水たまりの 上を 車が
とおると ぶきが
とんでくるよ。
どんな ぶき？

93ページのこたえ

183 石

184 ブタ（トンねる・かん字の豚はトンともよむよ）

レベル 1 2 3

189

びょういんで みてもらうのに ひつような お金(かね)って なあに？

レベル 1 2 3

190

ならぶのは じゅんばん。では おまわりさんが いるのは なにばん？

94ページのこたえ

185 町(まち)

186 うしろ

まちと むら。木が
左がわに はえているのは
どっち？

レベル 1 2 3

192

みちで 手を あげて
ひろうものって
なーんだ？

ヘイ！

95ページのこたえ
187 うそつき
188 水しぶき

レベル 1 2 3

193

車(くるま)や でん車(しゃ)は わたれない はしって なあに?

レベル 1 2 3

かん字(じ)

194

山(やま)が 2つ かさなっている ばしょに きたら なにを するかな?

え!?
なにをする?

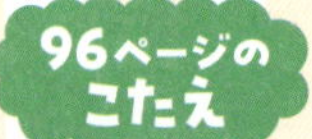

189 しんさつ（新札(しんさつ)〈あたらしいお札(さつ)〉➡診察(しんさつ)するから）

190 こうばん

レベル 1 2 3

195

バスや でん車に のる人が もつ キケンな ものって なーんだ？

レベル 1 2 3

196

おなじ すう字が 2つ かくれている 車は なあに？

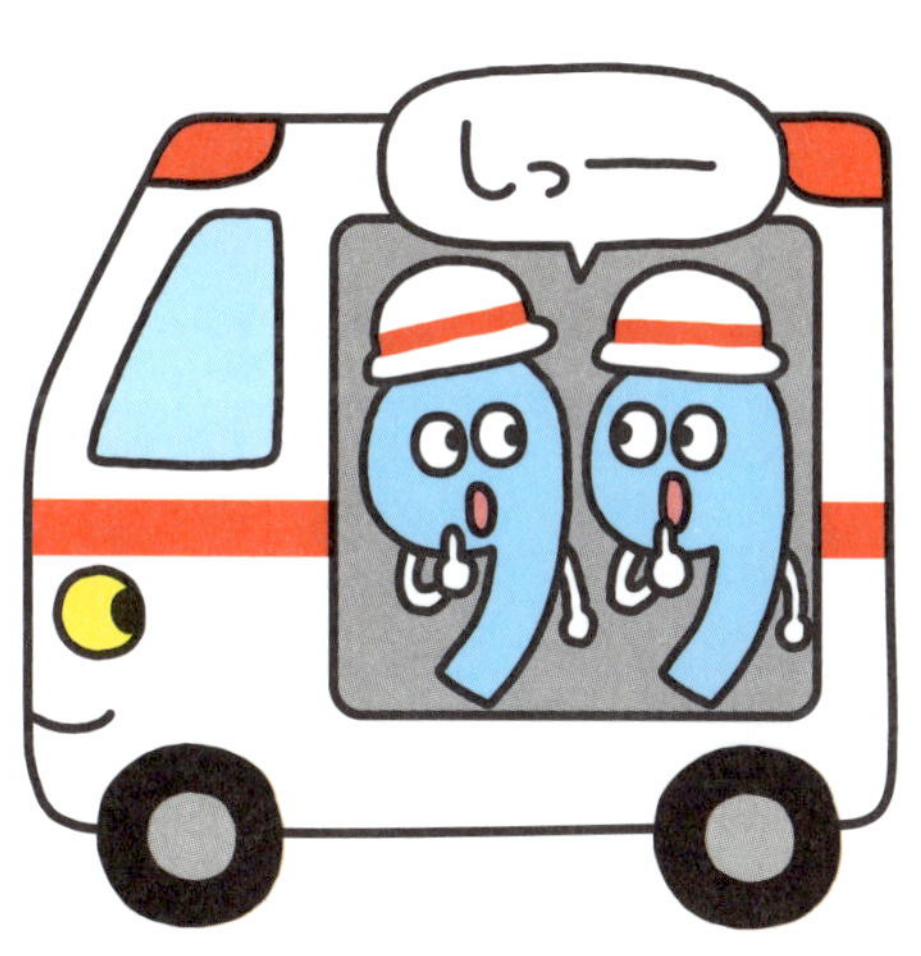

97ページの こたえ

191 村

192 タクシー

レベル 1 2 3

197

のると ボーッと してしまう 小さな ふねは なにかな？

レベル 1 2 3

198

たいへん！ お年よりが みずうみに おちたよ。おじいさんかな？ おばあさんかな？

98ページのこたえ

193 ほどうきょう（きょうはかん字で橋とかくよ）

194 出（る）

レベル 1 2 3　かん字 199

田んぼの 上と 下に
10ずつ たしたら やってきた
のりものは?

レベル 1 2 3　200

じてん車の 上に
いつも のっている
本って どんな 本?

99ページの こたえ

195 ていきけん

196 きゅうきゅう車（99だから）

レベル 1 2 3

201

まどの 中(なか)が ちかに
なっているよ。
ここは どこ？

レベル 1 2 3

かん字(じ) 202

ハエが とんでいる
ところは どーこだ？

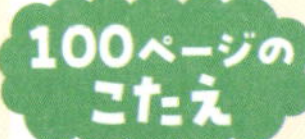

197 ボート

198 おばあさん（おちた音(おと)がバッチャンだから）

レベル 1 2 3

203

レストランに いる
どうぶつは なあに？

レベル 1 2 3

204

きゅうな カーブで
車が おとすものって
なあに？

101ページのこたえ

199 車

200 じてん（辞典）

レベル 1 2 3

205

スピードを 出(だ)しても
つかまらない 白(しろ)と くろの
車(くるま)は？

レベル 1 2 3

206

ふきそうじを
いやがる 人(ひと)が
はたらく みせは なあに？

このページのこたえは108ページ←

102ページのこたえ

201 まちかど

202 空(そら)（かん字(じ)の中(なか)に「ハ」と「エ」があるよ）

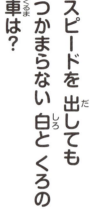

レベル 1 2 3

207

じんじゃの 入り口で 見つけた 生きものって なーんだ?

レベル 1 2 3

かん字

208

カタカナの「た」に そっくりになるのは いつごろかな?

このページのこたえは109ページ

103ページのこたえ

203 トラ（レストラン）

204 スピード

おまけもんだい

さかさなぞなぞ

この なぞなぞは、右(みぎ)と左(ひだり)の もんだいの こたえが、さかさに なって いるよ。さかさにしても いみが つうじる ことばを さがしてみよう。

209
おかしを たべると
むかしを おもいだす きせつは
「はる・なつ・あき・ふゆ」の
どーれだ？

210
たべものだと
カンに 入(はい)っていて
どうぐだと ほそながいよ。
なーんだ？

211
「わわわわ」という 日本(にほん)に
むかしからある かみって
どんな かみ？

212
年(とし)を とると かおや
からだに できる 「わ」って
どんな わ？

213
9かい 見(み)るという
白(しろ)い のみものって
なあに？

214
クルクルクルっと
かいてんしている 木(き)のみって
なーんだ？

215
人(ひと)が とくいげになると
へんしん できるかもしれない
はなの ながい
ようかいって なあに？

216
入(い)り口(ぐち)は ひとつで
出口(でぐち)のない トンネルが 5つ。
白(しろ)くて だんだん よごれて
くるよ。これ なあに？

こたえ
209 なつ（なつ・かし→なつかしい） 210 ツナ（綱(つな)） 211 わし（和紙(わし)→わ・4） 212 しわ
213 ミルク（見(み)る・9） 214 くるみ（クル・3） 215 てんぐ 216 ぐん手(て)

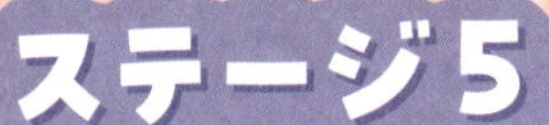

いえのなぞなぞ

みんなの いえの中にも あるものが
こたえに なっているよ。
いえじゅうを 見わたして こたえてみよう。
みんなの からだに かかわる
なぞなぞも 出てくるよ！

レベル 1 2 3

217

まどの ちかくで
ヒラヒラしている
てんって どんな てん？

レベル 1 2 3

218

どんな ふくでも
きこなす けれど
ぶらさがらないと
つかえないもの なあに？

205 パトカー
206 ふくや（拭く・イヤ！）

レベル 1 2 3

かん字(じ)

219

「人(ひと)」に さかさにした「二(に)」を かさねたよ。どこに なった？

レベル 1 2 3

220

いえの 中(なか)で ふまれても へいきな かおを している ペットって なーんだ？

105ページの こたえ

207 とり（とりい）

208 夕(ゆう)（がた）

レベル 1 2 3

221

つづきが「ミレド」になる かぐって なあに？

レベル 1 2 3

222

れいぞうこの 中（なか）にいる 大（おお）きな どうぶつって なあに？

108ページの こたえ

217 カーテン

218 ハンガー

レベル 1 2 3

223

てんを つけたら おどっている かぐって なーんだ？

レベル 1 2 3

かん字(じ)

224

「夕」と「口」が くっついたよ。よばれたのは なあに？

109ページの こたえ

219 天(てん)

220 カーペット

レベル 1 2 3

225

へやにあって くしゃみを しそうな フカフカしたもの なーんだ？

レベル 1 2 3

かん字

226

「人（ひと）」に「一（いち）」を たしたら どうなった？

110ページのこたえ

221 ソファー（ソファミレド）

222 ゾウ

おふろばにいる
どうぶつって なあに？

レベル 1 2 3
228

本もの そっくりに
マネするのに 左右が
はんたいなもの なあに？

111ページの こたえ

223 たんす（たんす➡ダンス）

224 名（まえ）

レベル 1 2 3　すう字　かん字

229

「ハ」の 上(うえ)に
おなべの ふたを のせたよ。
あらわれた すう字(じ)は？

レベル 1 2 3

230

サイが 上(うえ)に のっている
ながい はしって
なあに？

112ページの こたえ

225 クッション

226 大(おお)（きくなった）

レベル 1 2 3

231

するどくて
きけんな「たな」が あるよ。
どんな たな?

レベル 1 2 3

232

中(なか)みが からっぽでも
ぐが 入(はい)っている
「カップ」って
どんな カップ?

113ページのこたえ
227 ロバ(おふろば)
228 かがみ

レベル 1 2 3

233

ちらかった へやを　けると
きれいになるよ。
どんなふうに　けるの?

レベル 1 2 3

234

しょっきを きれいに
してくれる フワフワした
「ジ」って なーんだ?

114ページのこたえ
229 六(ろく)
230 さいばし

レベル 1 2 3

235

かければ かけるほど
シワが なくなるものって
なあに？

レベル 1 2 3

かん字

236

いっぽんせんの
りょうわきに
みじかい てんが 2つ。
どんな 大(おお)きさかな？

115ページの こたえ

231 かたな

232 マグカップ

237

エアコンに かならず
つかわれている いろって
なにいろ？

238

いえの 入り口に
本が あるよ。おして
つかうんだって。なにかな？

233 かたづける
234 スポンジ

239

レベル 1 2 3

くつが いくつ あったら
げんかんが せまく
かんじるかな？

240

「上」の 上に 「口」があって
左下に 「ノ」がついたら
からだの どのぶぶん？

117ページのこたえ
235 アイロン
236 小（さい）

レベル 1 2 3

241

おこるとき なぜか
立ってしまう からだの
ぶぶんは どこ？

レベル 1 2 3

かん字

242

かおの 中で
しかくい ところって
どーこだ？

237 こん（紺いろ）

238 インターホン

243

レベル 1 2 3

のびても ちぢまないのは「さしすせそ」の 中の どれ？

244

レベル 1 2 3

目の 上から ゆげが 出ているよ。なーんだ？

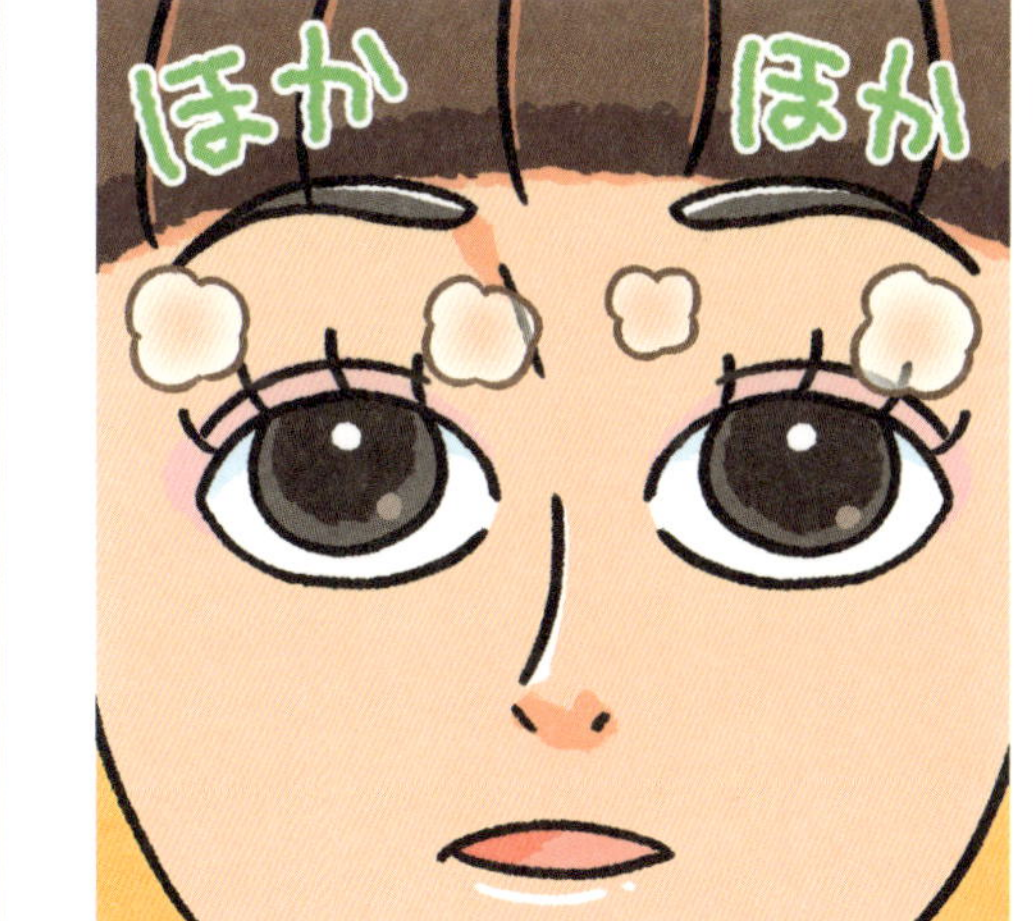

119ページのこたえ

239 9足（きゅうくつだから）

240 足

レベル 1 2 3

245

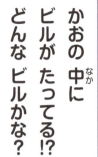

かおの 中(なか)に
ビルが たってる!?
どんな ビルかな?

レベル 1 2 3

246

おいしいものを たべたら
おちてくるのは
かおの どのぶぶん?

120ページの こたえ

241 はら(はらが立(た)つ)

242 口(くち)

247

レベル 1 2 3

かおの 中（なか）の 2かしょから
まつが はえたよ。
なーんだ？

248

レベル 1 2 3

口（くち）の 中（なか）に 2を
入（い）れたら かおの
どのぶぶんに なるかな？

121ページのこたえ

243 せ（背（せ）がのびる）

244 まゆげ

レベル 1 2 3

249

かおの 中に メカが
2つ あるんだって。
どのぶぶんかな？

レベル 1 2 3

250

よふかししたら かおに
くっつく 2ひきの
どうぶつ なあに？

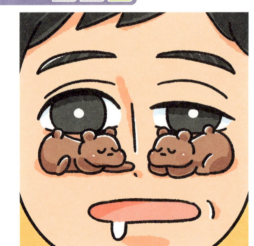

122ページのこたえ

245 くちびる

246 ほっぺた

レベル 1 2 3　かん字　251

目の下で「ル」といったらなにをする？

レベル 1 2 3　252

ねるときにかならずとじる2つのフタってなーんだ？

123ページのこたえ
247 まつげ
248 目（口＋二）

口(くち)を まっぷたつにする
せんを ひいたよ。
大(おお)きさは どうなった？

レベル 1 2 3

254

まだ なにも
かいていないのに きって
しまう かみは なあに？

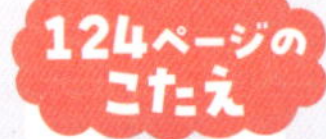

249 こめかみ

250 くま

255

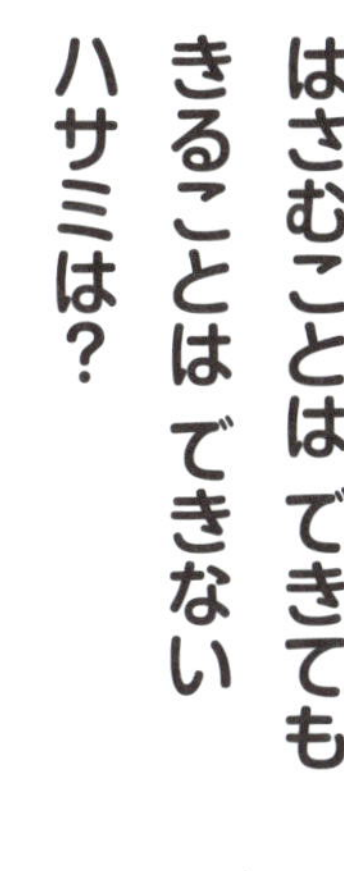

はさむことは できても
きることは できない
ハサミは？

256

レベル 1 2 3

ちょこっと わらいながら
びょうきを なおして
くれるもの なあに？

125ページのこたえ
251 見(み)（る）
252 まぶた

257

いつも わらっている
かぞくは だあれ？

レベル 1 2 3　かん字　258

「チ」に「一（いち）」を たしたら
からだの いちぶに
なったよ。どーこだ？

126ページの こたえ
253 中（ちゅう）（くらいになった）
254 トイレットペーパー

レベル 1 2 3

259

手で かくことは できないけれど 足でなら かけるものって なあに？

レベル 1 2 3

260

つくえの 上で つく つえって どんな つえ？

127ページの こたえ

255 せんたくばさみ

256 くすり（クスリッ）

261

口の 中に あるのに
足もとに ありそうな
ぶぶんは どこかな？

レベル 1 2 3 すう字 かん字

262

口の 中に 「ル」が
入ってきた！
これは なにかな？

128ページのこたえ

257 おかあさん（ハハッ！）

258 手

263

おゆの 入（はい）った コップが あるよ。だれも さわって いないのに おゆが なくなった！ なんで？

264

レベル 1 2 3

しかくて ちっとも ひからない ランプって なーんだ？

129ページの こたえ
259 あぐら
260 ほおづえ

265

「二」の あいだを 2本の はしらで ささえて 上に ぼうを のせたら どうなった？

レベル 1 2 3

266

「ジャマ！」と いわれながら ねるときに つかう ものって なあに？

261 した
262 四

267

レベル 1 2 3

まくらや ふとんを
まもっている
どうぶつ なーんだ？

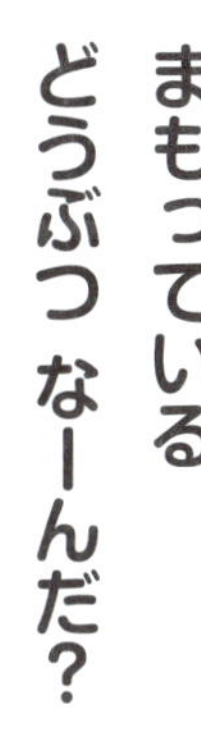

268

レベル 1 2 3

でんきを つけても
へやの 中で とても
くらいと いわれるものは？

131ページのこたえ
263 さめて水になったから
264 トランプ

269

1日1かい だれでも するのに「むり！」と いわれるものは？

レベル 1 2 3

270

手では だれも かけなくて 口で かくものって なーんだ？

132ページのこたえ

265 立（った）
266 パジャマ

レベル 1 2 3

かん字

271

目の 上と下を 左右に、
右を 下に のばすと
かおの どのぶぶんに
なるかな？

レベル 1 2 3

272

足のための
きものって なーんだ？

267 カバ（まくらカバー・ふとんカバー）

268 まくら（まっくら！）

レベル 1 2 3

273

カバンなどに つけて
みんなを まもってくれる
小さな「もり」は なあに？

レベル 1 2 3

274

ボールだけど しかくて
中に なにかを 入れて
つかうものは？

このページのこたえは140ページ ←

134ページのこたえ
269 ねむり
270 いびき

275

レベル 1 2 3

ぬったり のんだりしないで
おとして つかう
くすりって なあに？

276

レベル 1 2 3

かん字（じ）

目（め）の 中（なか）にある せんを
1本（ぽん） とったのは
なんようび？

このページのこたえは141ページ ←

135ページのこたえ
271 耳（みみ）
272 はきもの

おまけもんだい

あんごうさく文

ともだちが かいた さく文に いたずらしちゃった！　なにが かいてあるか わかるかな？　ヒント：いたずらしたのは ぜんぶ かん字だよ。

277

①月よう日のあさ、②学③校に④八じにつきました。きょうしつに⑤入り、かん⑥字の「⑦左」をれんしゅうしていると、先生が大きなくす⑧玉をもってきました。みんなでわると、中から赤・⑨青・きのかみふぶきと「もうすぐ2年生おめでとう」のメッセージが出てきました。

こたえ

277 ①月（げつ） ②学（がっ） ③校（こう） ④八（はち） ⑤入（はい） ⑥字（じ） ⑦左（ひだり） ⑧玉（だま） ⑨青（あお）

ステージ6

きせつのなぞなぞ

はる・なつ・あき・ふゆと
日本には 四き（4つの きせつ）が あるんだ。
それぞれの きせつの ぎょうじや
しょくぶつなどを おもいうかべて
なぞなぞに こたえてみよう！

レベル 1 2 3

278

はるに 土(つち)の 中(なか)から
あらわれる きれいな
リップって なあに?

レベル 1 2 3

279

女(おんな)の子(こ)の せいちょうを
いわう「つり」って
なーんだ?

136ページの こたえ

273 おまもり

274 ダンボールばこ

レベル 1 2 3　かん字　280

よこになった「キ」の下で「イヒ」とわらったら　なにが　さく？

レベル 1 2 3　281

「ら」が　たくさん　さいているよ。なんの　花？

137ページのこたえ
275　目ぐすり
276　日（ようび）

レベル 1 2 3

かん字（じ）

282

「ケ」が 2つ ならんで
ぐーんと のびたよ。
これの 子（こ）どもは
たべられるんだ。 なあに？

レベル 1 2 3

283

こどもの日（ひ）に たべる
白（しろ）くて シワの ある
もちは？

278 チューリップ
279 ひなまつり

284

レベル 1 2 3

いつも たたかっている
花(はな)って なあに？

285

レベル 1 2 3

きれいな こえで
なきながら 空(そら)を とぶ
「イス」って どんな イス？

141ページの こたえ
280 花(はな)
281 さくら

田んぼの 下で 力を 出しているのは 男の人？ 女の人？

レベル 1 2 3

287

むかしの 人の おはかは こふん。 はるに くしゃみを させるのは なにふん？

142ページのこたえ

282 竹

283 かしわもち

レベル 1 2 3

288

チャーハンの そばに ちょこんと いる 花（はな）は？

レベル 1 2 3

289

7月7日（がつなのか）に バタッと たおれた かぐって なあに？

284 しょうぶ

285 ウグイス

レベル 1 2 3

290

あさ ほえている
花(はな)って なあに?

レベル 1 2 3

かん字(じ) 291

お日(ひ)さまに「十(じゅう)」を
あげたら 日(ひ)が のぼる
じかんは どうなった?

144ページのこたえ
286 男(おとこ)(の人(ひと))
287 かふん

レベル 1 2 3

292

ならべかえると「とぶしかむ」虫(むし)って なあに?

レベル 1 2 3

293

かきごおりの 上(うえ)に のっている あきの くだもの なーんだ?

145ページの こたえ

288 れんげ

289 たな(たな・バタッ!)

レベル 1 2 3

294

まん中(なか)に あなが
あいているのに 水(みず)に
しずまないもの なーんだ?

レベル 1 2 3

295

「う」が 1000こある
花火(はなび)って なあに?

290 あさがお(あさ・ガオーッ!)

291 早(はや)(くなった)

お日さまの 上に 立ったら きこえてきた ものは？

297

5ひきの カブトムシが いるよ。上から 2ばん目の カブトムシは 大人かな？ 子どもかな？

147ページの こたえ

292 カブトムシ

293 かき

レベル 1 2 3

かん字

298

まどの 中に しずくが 4つ。なつの まえに よく ふるものの かん字は なーんだ？

レベル 1 2 3

299

なつは みどりで あきは きいろに なる チョウは？

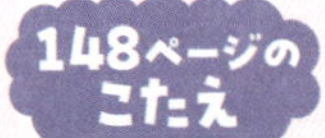

294 うきわ

295 せんこう花火（千個・う・花火）

レベル 1 2 3

300

2つとも よく にている クリって どんな クリ？

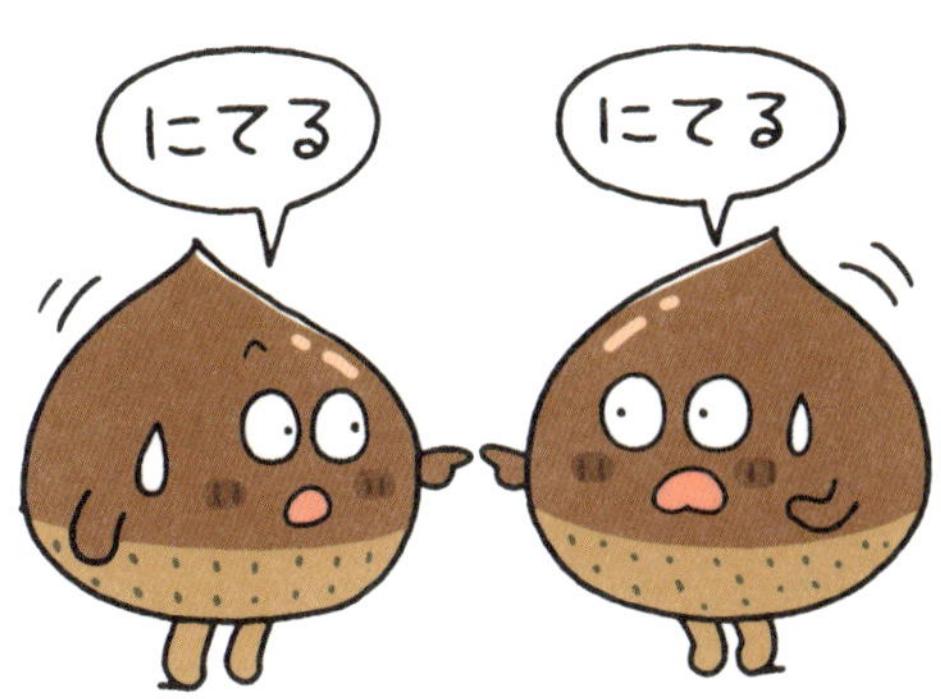

レベル 1 2 3

301

お年（とし）よりが「かえろう」という あきの おやすみは なんの日（ひ）？

149ページの こたえ

296 音（おと）

297 大人（おとな）（子（こ）どもは「ようちゅう」だから土（つち）の中（なか）にいる）

レベル 1 2 3

302

コスモスが
2つ もっている
ちょうみりょうは
なーんだ?

レベル 1 2 3

303

「ままま」という
あきに おいしいもの
な～んだ?

298 雨(あめ) (つゆのじきにふるよ)

299 いちょう

304

レベル 1 2 **3**　かん字

いねかりした 田(た)から
さかさの T(ティー)を とったら
ないちゃった。
なんの かん字(じ)?

305

レベル 1 **2** 3

まつほど ねだんが
たかくなる こうきゅう
しょくざい なあに?

151ページのこたえ

300 そっくり
301 けいろうの日(ひ)(けえろぉ〈かえろう〉の日(ひ))

306

おなかに まくのは はらまき。では うんどうかいで あたまに まくのは？

レベル 1 2 3

かん字 307

お日さまの 上に てんを つけたら ゆきの いろに なったよ。なにいろ？

302 す（コスモス）

303 さんま（3・ま）

308

レベル 1 2 3

ゆきでしか つくれない
大きな まくらは
なーんだ？

309

レベル 1 2 3

「たべないほうがいい」と
いわれてしまう なべって
どんな なべ？

304 円（エーン！）

305 まつたけ（まつ、たけぇ～！）

レベル 1 2 3

310

なつには たくさん
かいたけど ふゆは
ほとんど かかないよ。
なーんだ？

レベル 1 2 3

311

クリスマスにいる
3つの 生きものって
なーんだ？

154ページの こたえ

306 はちまき

307 白

312

レベル 1 2 3

1年の おわりに やってくる まつは なあに？

313

レベル 1 2 3

1月1日に あらわれた 大人 2人は だあれ？

このページのこたえは158ページ←

155ページのこたえ

308 かまくら

309 よせなべ（よせ！なべ）

レベル 1 2 3　すう字　かん字

314

1年（ねん）の　けんこうを　いのって
たべる「し」に「一（いち）」を
たした　草（くさ）の
おかゆって　なあに？

レベル 1 2 3

315

お正月（しょうがつ）に　音（おと）がなる
4つの　玉（たま）を　もらうと
うれしいよ。　なーんだ？

このページのこたえは159ページ ←

156～157ページのこたえ

310 あせ　311 リスとマスとクマ
312 ねんまつ　313 おしょうさん（おしょうが2（ツー））

レベル 1 2 3

316

せつぶんで まく まめの あいだに いる 人は どんな 人?

レベル 1 2 3

317

すきな人に チョコレートを わたすとき あらわれる 「き」は?

158〜159 ページのこたえ

314 七(草がゆ) 315 おとしだま(音・4・玉)
316 まじめ(ま〈じ〉め)な人 317 ドキッ、どきどき

成田奈緒子（なりた　なおこ）
小児科医、医学博士。不登校・引きこもり・発達障害等の親子・当事者支援事業である「子育て科学アクシス」代表。文教大学教育学部教授。臨床医、研究者としての活動も続けながら、医療、心理、福祉を融合した新しい子育て理論を展開している。著書に『子どもの脳を発達させるペアレンティング・トレーニング』（上岡勇二氏との共著。合同出版）、『山中教授、同級生の小児脳科学者と子育てを語る』（山中伸弥氏との共著。講談社）など多数。

ひらめき★ゲームワールド
頭がよくなる!!　たのしいなぞなぞ1年生

2025年3月　第1刷

ぼくたちはみんなもってるね！

監修 ―― 成田奈緒子
作 ―― 高橋啓恵
イラスト ―― 森のくじら（カバー、ステージ1、4）
青木健太郎（ステージ2、5）
アキワシンヤ（ステージ3、6）
発行者 ―― 加藤裕樹
編集 ―― 鍋島佐知子
発行所 ―― 株式会社ポプラ社
〒141-8210 東京都品川区西五反田 3-5-8　JR 目黒 MARC ビル 12 階
ホームページ　www.poplar.co.jp
印刷・製本 ―― 中央精版印刷株式会社
カバーデザイン ―― チャダル108
本文デザイン ―― ダイアートプランニング（高島光子）
DTP ―― 有限会社 ZEST
校正 ―― 夢の本棚社
編集協力 ―― 株式会社スリーシーズン（小暮香奈子）

ISBN978-4-591-18548-3　N.D.C.798 159p 19cm　Printed in Japan

P6051006